# Sainte Marguerite-Marie

**Illustrations de Mauro Cavallini**

**Texte de Françoise Vintrou**

ÉDITIONS DU SIGNE

*Éditeur :*
**Éditions du Signe**
1, rue Alfred Kastler
B.P. 94 - 67038 Strasbourg Cedex 2
Tél. : 00 (33) 3 88 78 91 91
Fax : 00 (33) 3 88 78 91 99
E-mail : info@editionsdusigne.fr
www.editionsdusigne

*Texte :*
Françoise Vintrou

*Illustrations :*
Mauro Cavallini

*Mise en page :*
Éditions du Signe

© Éditions du Signe - 2000
Tous droits réservés
ISSN : 1275-5230
ISBN : 978-2-87718-998-9
Déposé au Ministère de la Justice
à la date de la mise en vente.
Loi N° 49-956 du 16.07.1949
sur les publications destinées à la jeunesse.

Imprimé en Chine

Jésus est apparu à Marguerite-Marie à Paray-le-Monial. Il lui a montré l'amour de son Cœur et l'a chargée de le faire connaître à tous. À la suite de Marguerite-Marie, tu peux adorer le Cœur de Jésus et rayonner de cet amour.

Sous le règne de Louis XIV, le 22 juillet 1647, Marguerite naît dans le hameau de Lhautecour en Mâconnais à quelques kilomètres de Paray-le-Monial.

5

Elle est le cinquième des sept enfants de la famille. Sa mère, Philiberte, est une femme douce. Son père, Claude Alacoque, est notaire royal. La famille vit dans l'aisance.

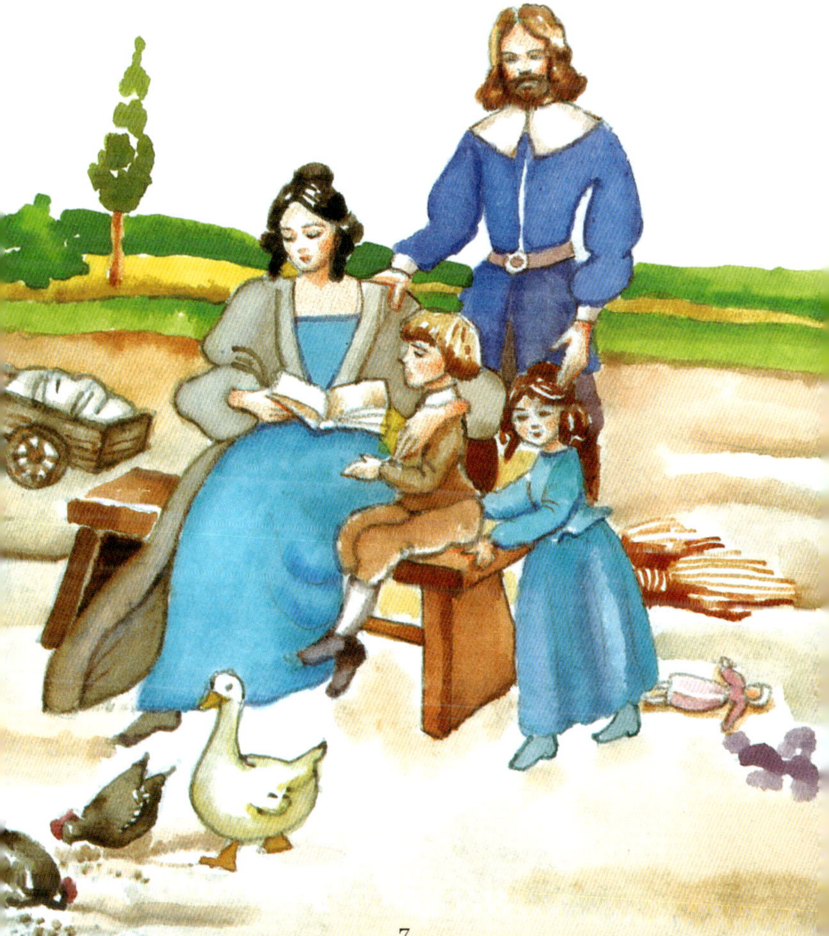

Dès l'âge de quatre ans, Marguerite va souvent chez sa marraine Madame de Fautrières qui habite au château de Corcheval. Là, elle apprend à lire et à prier Dieu.

La petite fille aime se retrouver seule dans le silence
de la chapelle près du château.

Marguerite mène la vie de toutes les petites filles et partage avec plaisir les jeux de ses frères et sœurs. Comme la vie est agréable dans cette immense propriété où ses grands-parents et oncles sont fermiers !

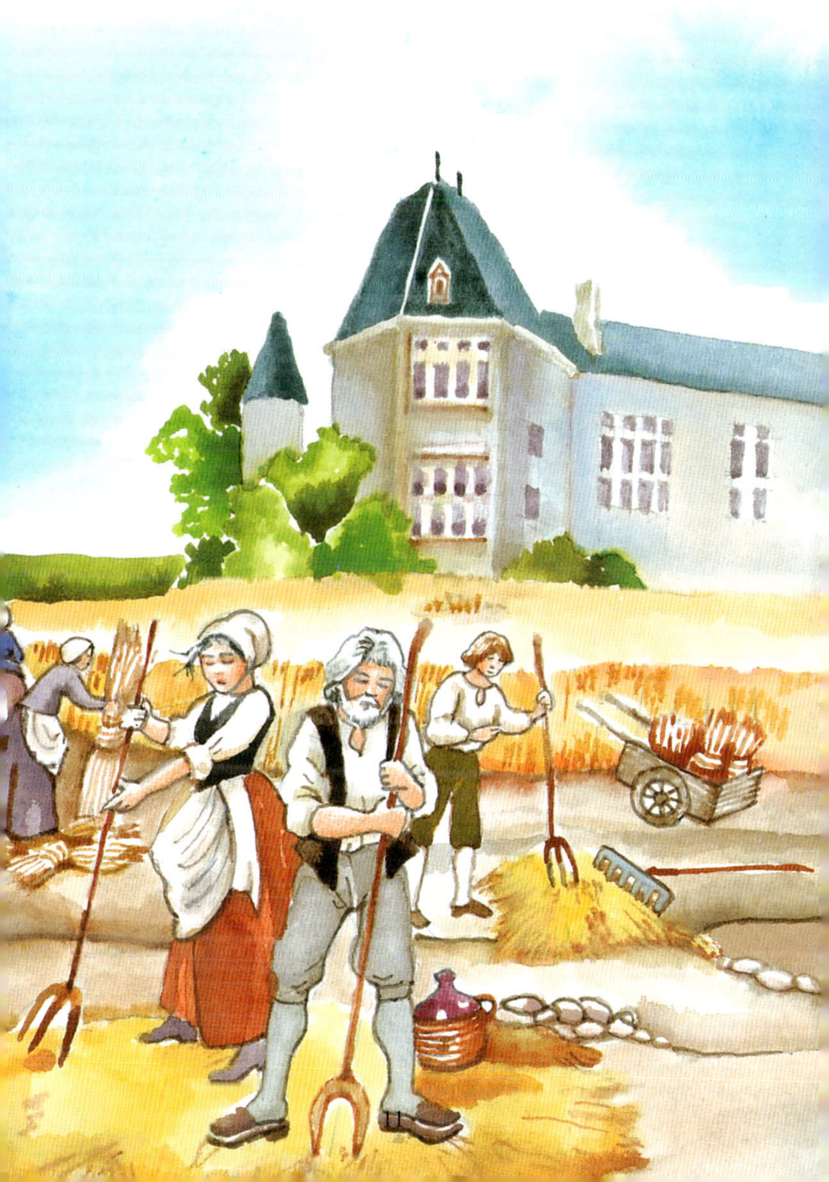

Elle aime aussi être seule dans le silence. Un jour, son frère l'appelle pour aller voir le petit veau qui vient de naître dans l'étable de la ferme. Il la retrouve au bout de la longue allée d'arbres immenses qui conduit vers les champs autour de la propriété.

Là, elle est assise sur une grosse pierre, le regard fixé sur le clocher de l'église, où elle sait Jésus présent. Elle n'entend pas les appels tant elle semble absorbée par la prière.

Cette vie confortable bascule brutalement après la mort de la sœur puis du père de Marguerite. Sa mère doit s'occuper de la propriété familiale et a peu de temps pour ses enfants. Ils doivent aller en pension.

Marguerite part au pensionnat des religieuses de Charolles. Elle apprend à écrire et à faire de la couture comme toutes les petites filles du pensionnat.

Comme elle montre un tel désir de Dieu, les sœurs lui permettent de préparer et de faire sa première communion, alors qu'elle n'a que neuf ans.

Mais elle doit rentrer dans sa famille à cause d'une maladie qui l'obligera à rester au lit pendant quatre ans. Sa mère et ses frères sont aux petits soins pour elle. Elle souffre beaucoup. Aucun médicament ne peut la soulager.

Avec sa mère, elle prie la Vierge Marie et promet :
« Si je guéris, je vous promets de devenir une de vos
filles... » Marguerite guérit. Elle peut maintenant
aider sa mère qui a vraiment besoin de son soutien.

La vie à la maison a beaucoup changé depuis le partage de la propriété avec la famille de son père. Toute la famille – grands-parents, oncles et tantes – est venue s'installer dans la belle maison et madame Alacoque n'a plus son mot à dire.

Marguerite doit participer à toutes les tâches, même les plus difficiles car elle est devenue le souffre-douleur de la maison : « Moqueries, injures, accusations, je ne savais où me réfugier », écrira-t-elle plus tard.

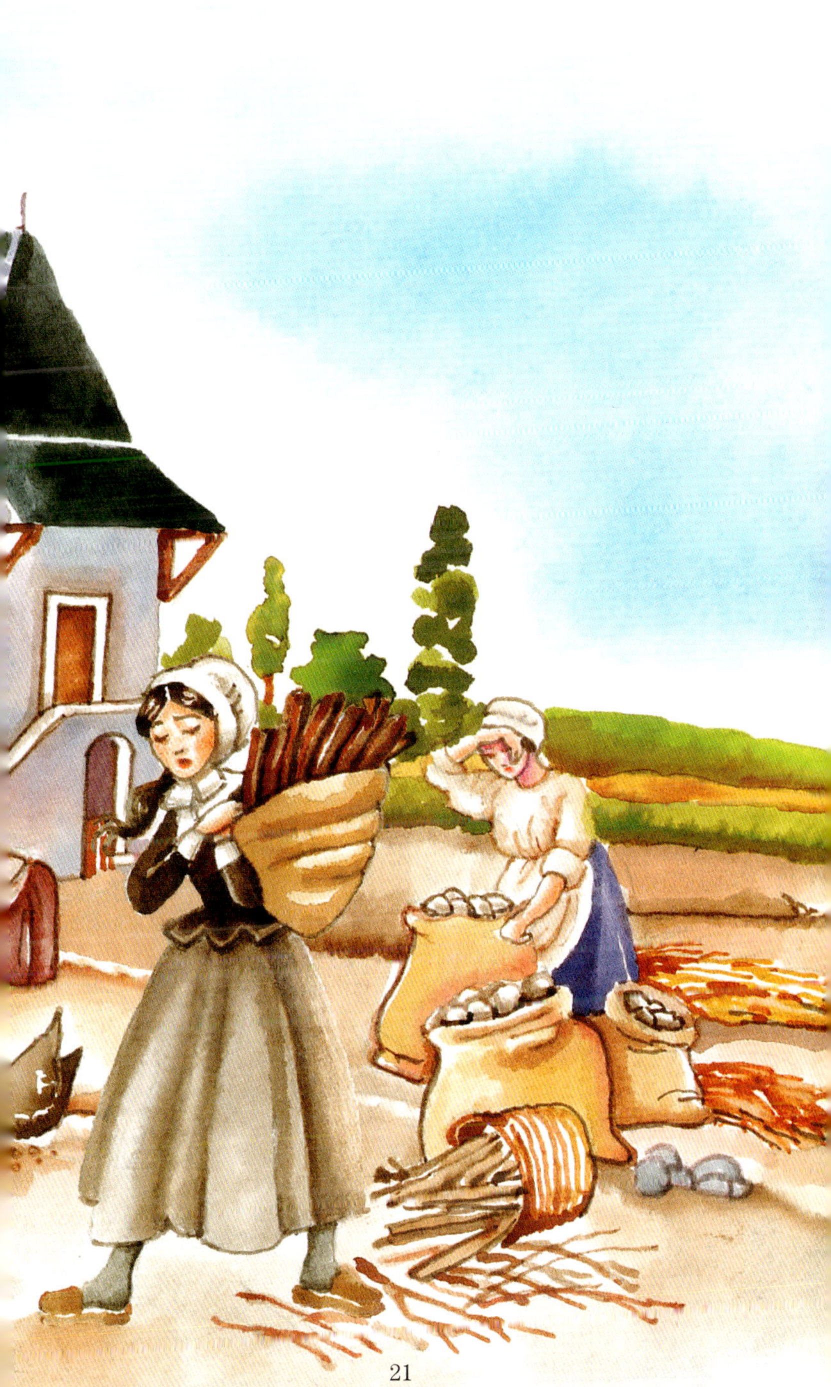

Lorsqu'elle veut aller à la messe, on l'accuse d'avoir un rendez-vous galant avec quelque garçon du village. On ferme les placards à clef pour qu'elle soit obligée de tout demander.

Parfois, lorsque c'est trop dur, Marguerite se réfugie en quelque coin de jardin ou d'étable. Elle se met à genoux ou s'assied sur un banc et pleure. Elle prie pour ceux qui la maltraitent.

Toutes ces souffrances ne seraient rien si elle ne voyait souffrir sa mère qui, épuisée, tombe malade à son tour. Marguerite se transforme en délicate infirmière et l'entoure de tendres soins.

Comme tout est fermé à clef, il lui faut parfois aller mendier jusqu'aux œufs et autres bonnes choses nécessaires aux malades.

Marguerite est devenue une belle jeune fille. À dix-huit ans, elle a des traits fins, un nez droit, des yeux étonnés et confiants. Elle a de la personnalité et du caractère mais aussi beaucoup de douceur. Elle aime participer aux fêtes organisées avec ses frères, cousins et cousines. La vie est joyeuse ! Sa mère voudrait marier sa fille, lui disant que sinon elle mourrait de chagrin.

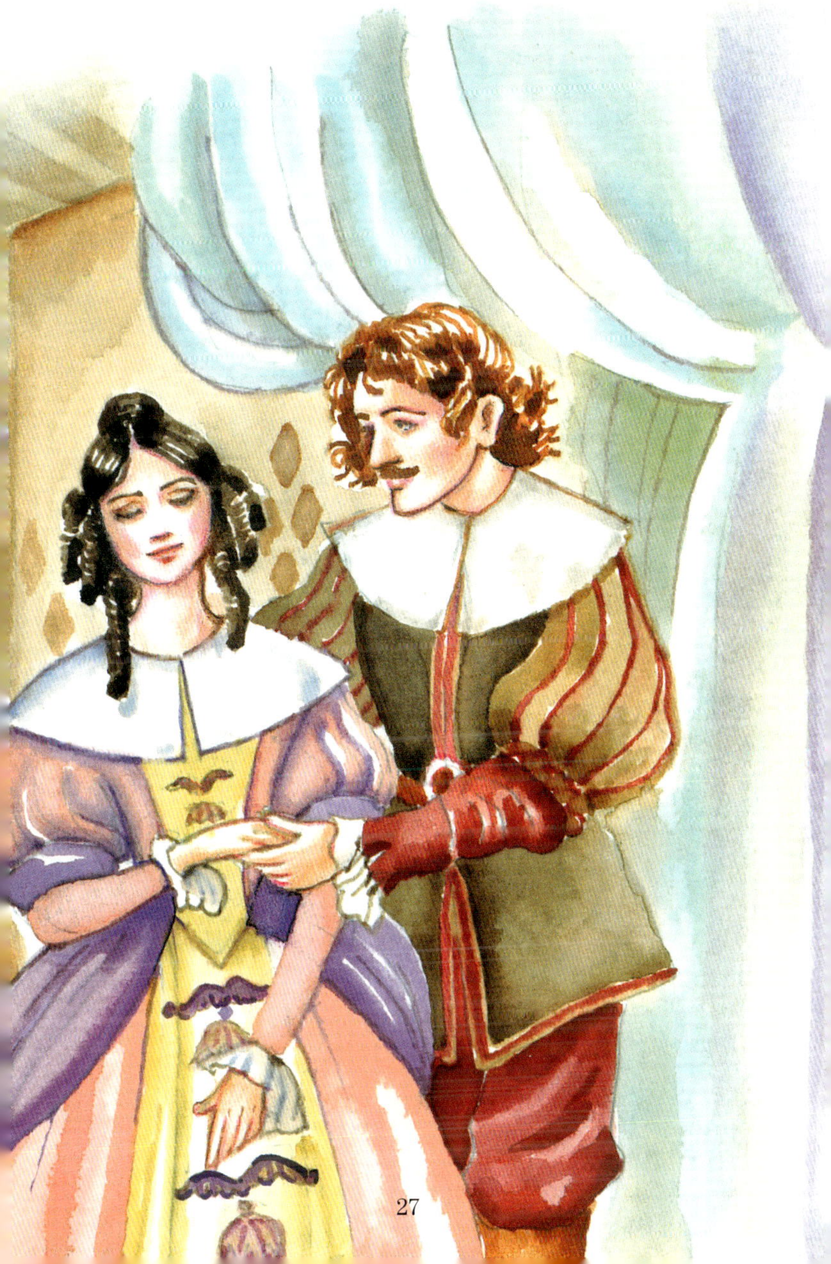

Marguerite passe quelques années partagée entre les plaisirs du monde et l'appel du Seigneur à la vie religieuse. Quelle est sa vocation véritable ?

Sa vie continue : la famille, la prière, les soins donnés aux pauvres et aux malades de son village, et le catéchisme auprès des enfants de la paroisse.

À l'âge de 22 ans, elle reçoit le sacrement de confirmation. Elle décide d'ajouter à son nom celui de Marie par attachement à la Vierge Marie. Sa décision est prise : elle sera religieuse malgré les protestations de sa famille.

À 24 ans, le 20 juin 1671, elle se présente au monastère de La Visitation Sainte-Marie de Paray-le-Monial. Elle s'est préparée à ce moment dans la joie et dans la prière. Au fond de son cœur, elle entend Jésus lui dire : « C'est ici que je te veux. » Elle est sûre de son choix.

L'Ordre religieux de la Visitation a été fondé en 1610 par saint François de Sales et sainte Jeanne de Chantal. Il a pour mission d'aimer et de faire aimer le Sacré-Cœur de Jésus, et d'honorer la Vierge Marie dans le mystère de la Visitation.

En arrivant, Marguerite-Marie ne pouvait imaginer à quel point ce que Dieu allait lui demander rejoignait le projet de saint François de Sales, le fondateur.

Marguerite-Marie entre au noviciat et reçoit l'habit religieux, la robe de serge noire des Visitandines, le 25 août 1671. Dès son entrée au couvent, elle sent combien Jésus est près d'elle.

Elle passe beaucoup de temps en prière pour comprendre ce que Dieu attend d'elle. La maîtresse des novices et la supérieure sont embarrassées par son attitude. Elles lui conseillent de ne pas rechercher des voies hors du commun :
- Vous irez désormais plus souvent surveiller les animaux, de sorte que vous prierez dehors. Cela vous retiendra sur terre !
- Oui, ma mère, répond Marguerite-Marie humblement, tout ce que vous commanderez, je le ferai...

En effet, il y a dans le pré une ânesse et son petit, que les jeunes sœurs sont chargées de surveiller pour qu'ils n'aillent pas brouter dans le potager.

On raconte qu'un jour, Marguerite-Marie les oublia pour se réfugier dans le bosquet de noisetiers, où elle aimait se cacher pour prier. À la surprise de toutes, les deux animaux, malicieusement échappés, gambadèrent toute la matinée au milieu des délicats feuillages de carottes, dont ils raffolaient, sans faire le moindre dégât.

Mais Marguerite-Marie continue à se mettre devant le Seigneur comme une toile blanche est devant le peintre. Les sœurs du couvent sont de plus en plus étonnées de la voir passer autant de temps agenouillée devant le tabernacle. N'est-ce pas de la vanité pour se faire remarquer ?

Marguerite-Marie reste insensible à ces moqueries.

Son noviciat se termine. Le jour de sa profession religieuse arrive, le 6 novembre 1672. Marguerite-Marie est si heureuse qu'elle s'écrie :
- Je suis pour jamais à mon Bien-Aimé... Tout de Dieu et rien de moi, tout à Dieu et rien à moi, tout pour Dieu et rien pour moi !

La vie du couvent s'articule autour des temps de prière personnelle silencieuse et des temps de travaux. Il y a le jardinage, la cordonnerie, la fabrication de dentelles vendues à l'extérieur.

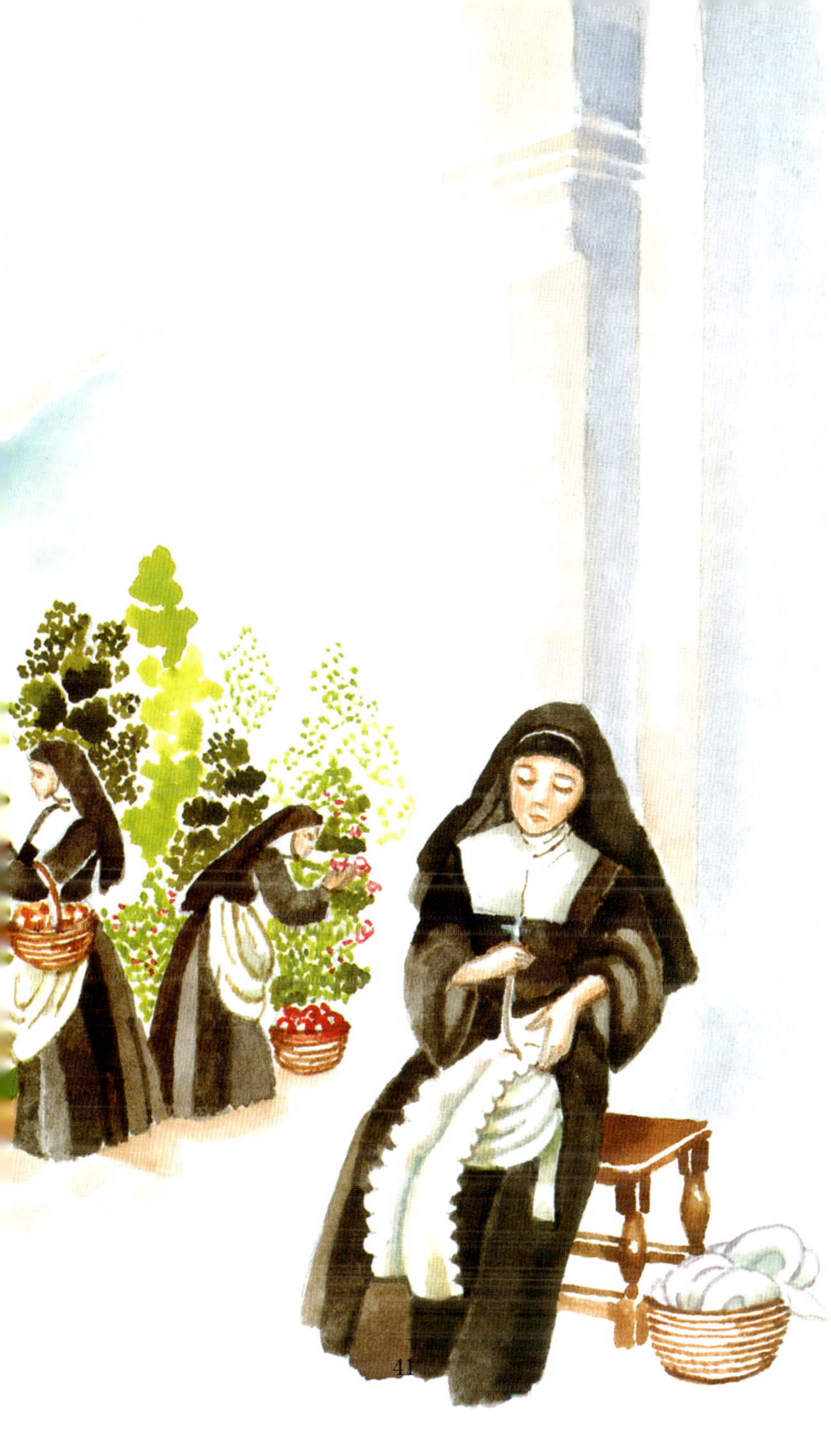

Marguerite-Marie reçoit comme emploi le soin des sœurs malades. C'est une tâche difficile car la responsable de l'infirmerie est souvent impatiente et dure avec elle. Elle se plaint de sa maladresse et de ses distractions, alors qu'elle fait de son mieux pour être attentive et douce avec chacune.

Les travaux matériels n'arrivent pas à distraire Marguerite-Marie de sa prière. Les sœurs du couvent ne comprennent pas ce qui se passe. Pourquoi reste-t-elle dans la chapelle de si longs moments qu'elle en oublie l'heure des repas ?

Comment arrive-t-elle à être si absorbée par la prière qu'on ne peut la tirer qu'à grand-peine de son immobilité ?

C'est alors que se produit un événement exceptionnel dans la vie de la jeune religieuse. Le 27 décembre 1673, Jésus apparaît à sœur Marguerite-Marie :
« Mon divin Cœur est si passionné d'amour pour les hommes, et pour toi en particulier, que ne pouvant plus contenir en lui-même les flammes de son ardente charité, il faut qu'il les répande par ton moyen. »

Ainsi, Marguerite-Marie reçoit sa mission sur terre : faire connaître le Cœur de Jésus, signe de l'amour de Dieu pour les hommes. Marguerite ne sait comment le dire aux personnes qui l'entourent, aux sœurs du couvent.

À partir de ce jour, Jésus apparaîtra de nombreuses fois à la jeune religieuse.

Un vendredi de 1674, Jésus apparaît à Marguerite-Marie en adoration devant le Saint - Sacrement. Il lui demande de communier chaque premier vendredi du mois et de passer une heure en prière chaque nuit du jeudi au vendredi entre 23 heures et minuit en mémoire de son agonie à Gethsémani.

La supérieure du monastère est très ennuyée par ce que lui raconte Marguerite-Marie : est-ce la vérité ? Avec prudence, elle conseille à la jeune religieuse de se confier au père Claude La Colombière. C'est un jeune prêtre de la Compagnie de Jésus qui vient d'arriver à Paray-le-Monial.

Le père La Colombière l'écoute et sait reconnaître que ce qu'elle dit vient de Dieu. Il la réconforte. Marguerite-Marie est heureuse : elle peut enfin confier à quelqu'un les secrets de son amour pour Jésus.

Un an plus tard, Marguerite-Marie a une nouvelle apparition de Jésus :
« Voici ce Cœur qui a tant aimé les hommes... »
Le Seigneur demande qu'une fête honorant son Cœur soit instituée pour les chrétiens du monde entier. Quelle tâche pour une jeune religieuse cloîtrée et qui n'a jamais voyagé à plus de 50 kilomètres de chez elle !

La vie n'est pas facile pour Marguerite-Marie. Elle est partagée entre une joie intense et une grande tristesse de ne pouvoir partager le message de Jésus à celles qui l'entourent. Les sœurs du couvent la croient « entêtée dans ses illusions et ses imaginations ».

C'est l'époque où Marguerite-Marie est chargée de s'occuper des pensionnaires, ces jeunes filles que l'on recevait à l'âge de dix ou douze ans pour les préparer à la vie religieuse. On imagine de quelle bonté elle peut entourer ces filles qui lui sont confiées !... Elle leur apprend à prier, à rivaliser d'amour entre elles.

Ces jeunes l'aiment beaucoup et ne comprennent pas les humiliations et les vexations dont les sœurs la chargent :
- Sœur Marguerite-Marie, d'où vient qu'on vous traite si mal ?
- Mon enfant, c'est que ces personnes me connaissent mieux que moi-même.

Le père La Colombière la soutient auprès de ses supérieures : c'est une âme de grâce, aime-t-il à répéter.

À trente-sept ans, Marguerite-Marie est nommée maîtresse des novices. Elle demande aux jeunes sœurs d'apprendre à ouvrir leur cœur à Dieu et de répondre à l'amour de Dieu en étant douces envers chacune et chacun. Mais il est difficile de dire avec des mots la grandeur du mystère de Dieu.

Les novices ont une idée. Elles dessinent à la plume ce « Cœur rayonnant plus qu'un soleil et transparent comme un cristal » dont leur parle Marguerite-Marie et le lui offrent en cadeau, le jour de sa fête.

Peu à peu, le message de Jésus à Marguerite-Marie est entendu. D'abord auprès des sœurs de sa communauté : elles comprennent l'attitude de leur sœur et l'accompagnent de leur prière. Le Cœur de Jésus devient l'objet de la vénération de la communauté.

En 1688, une chapelle est construite dans le jardin du monastère pour prier le Sacré-Cœur de Jésus rempli d'amour pour les hommes. Marguerite-Marie est si heureuse.

Un jour, les sœurs devaient filer du chanvre. Marguerite-Marie s'installe avec sa corbeille de chanvre dans une petite cour sur laquelle donnent les fenêtres de la chapelle. Ses mains travaillent mais au fond d'elle-même, elle est en adoration devant le Saint-Sacrement.

Soudain, elle voit les anges qui adorent et chantent la gloire du Cœur de Jésus. Dieu est là qui se manifeste et l'accompagne dans sa prière.

Désormais, personne ne se moque d'elle. On lui demande d'écrire tous les messages qu'elle a reçus. Cela est difficile pour Marguerite-Marie : elle ne veut pas se faire remarquer mais elle obéit.

On vient la voir et lui demander des avis spirituels, on lui demande des images et des prières mettant à l'honneur le Sacré-Cœur de Jésus, on lui apprend que des familles entières s'y consacrent.

Marguerite-Marie se réjouit, répond au courrier, réconforte, conseille mais elle est de plus en plus faible...

Épuisée par la maladie, Marguerite-Marie meurt le 17 octobre 1690 : elle a 43 ans. Je mourrai maintenant contente, puisque le Sacré-Cœur de mon Seigneur commence à être connu.

À la nouvelle de sa mort, aussitôt le bruit se répand dans la ville : « la sainte est morte ».

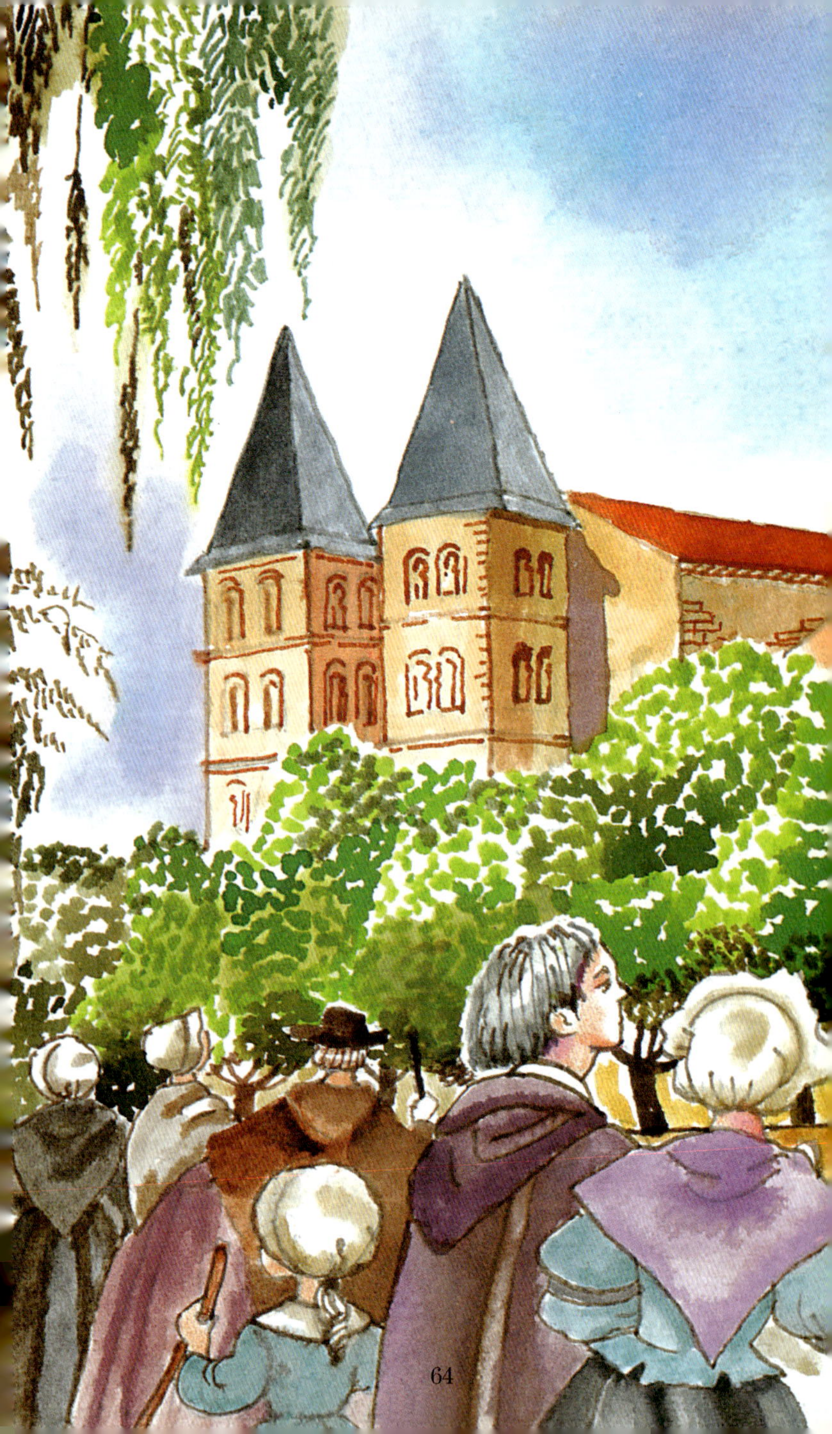

La fête du Sacré-Cœur de Jésus est approuvée et célébrée le vendredi dans la semaine qui suit la Fête-Dieu. C'est le début d'un grand élan de pèlerinages vers Paray-le-Monial.

Le culte du Sacré-Cœur, que Marguerite-Marie n'a eu de cesse d'annoncer par toute sa vie, s'étend dans toute la France. En 1873, la construction de la basilique du Sacré-Cœur à Montmartre, à Paris, en est le symbole.

En 1899, le pape Léon XIII consacre l'univers au Sacré-Cœur car l'amour ne connaît pas de frontières. C'est donc dans le monde entier qu'on vénère aujourd'hui ce Cœur qui a tant aimé les hommes...

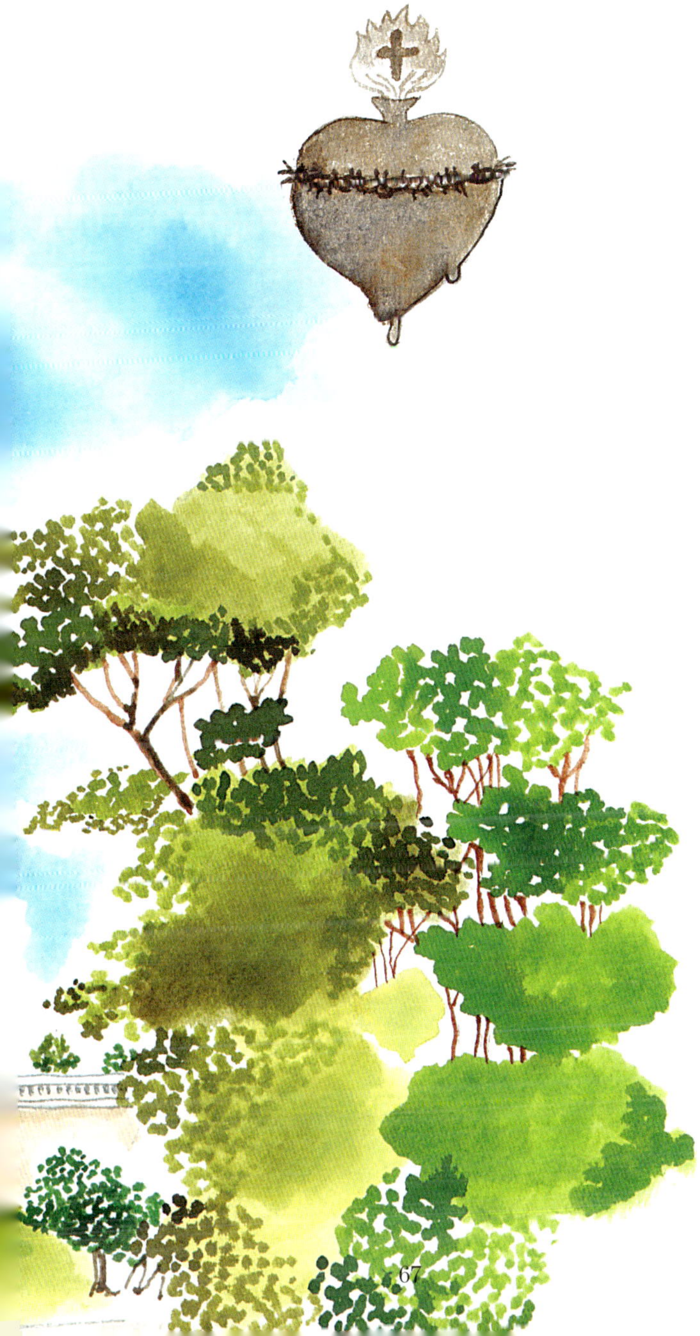

## *Quelques dates...*

- 16 octobre : fête de sainte Marguerite-Marie. Tu peux prier Marguerite-Marie de te donner un « cœur de grâce » c'est-à-dire un cœur prêt à recevoir les messages d'amour que Dieu t'envoie.
- La fête du Sacré-Cœur de Jésus n'est pas à date fixe mais le vendredi qui suit la fête du Saint-Sacrement ou Fête-Dieu. C'est la fête de l'amour de Dieu pour nous. Ce jour-là, tu peux prier pour que le cœur de chaque homme déborde de l'amour de Dieu.
- Marguerite-Marie est canonisée le 13 mai 1920 par le pape Benoît XV.
- Le père La Colombière est canonisé le 31 mai 1992 par le pape Jean-Paul II.

## *Le sais-tu ?...*

**Cœur**
Le cœur humain est l'organe qui donne la vie au corps. Le cœur de l'homme est aussi le centre intime des pensées profondes et le lieu secret où l'homme est seul avec Dieu. Quand Dieu parle du cœur de l'homme, il parle de son être le plus profond, c'est-à-dire ce qui dirige son intelligence, sa volonté et ses sentiments. « Aimer Dieu de tout son cœur » c'est donc l'aimer avec tout son être, corps et esprit, par des paroles mais aussi par des actes !

**Église**
L'Église avec un É majuscule vient du mot grec signifiant l'assemblée, la famille des chrétiens.

**Maîtresse des novices**
La maîtresse des novices est la religieuse chargée d'accueillir et de préparer celles qui n'ont pas encore prononcé les vœux les engageant à être religieuses pour toute la vie.

### Âme
L'âme est la vie qui anime chaque personne et la rend unique.

### Ange
Les anges sont des messagers envoyés par Dieu auprès des hommes.

### Gloire
La gloire de Dieu signifie la splendeur de Dieu.

### Adoration
L'adoration est un temps de prière silencieuse. C'est une façon de se faire tout petit devant Dieu en admirant sa grandeur c'est-à-dire son amour.

### Grâce
La grâce est l'amour sans limites que Dieu donne aux hommes comme un cadeau.

### Canonisation
Quand l'Église déclare que quelqu'un est saint, on dit qu'elle le canonise. Tous les chrétiens sont appelés à devenir saints, même s'ils ne sont pas tous canonisés, c'est-à-dire reconnus officiellement saints.

### Saint-Sacrement
Les catholiques prient devant l'hostie consacrée comme signe de la présence de Jésus.

### Tabernacle
Lieu dans l'église où est déposé le Saint-Sacrement.

### Gethsémani
Un jardin d'oliviers à Jérusalem, où Jésus aimait se rendre pour prier et où il fut arrêté dans la nuit du jeudi au vendredi, avant d'être condamné à mort et crucifié.

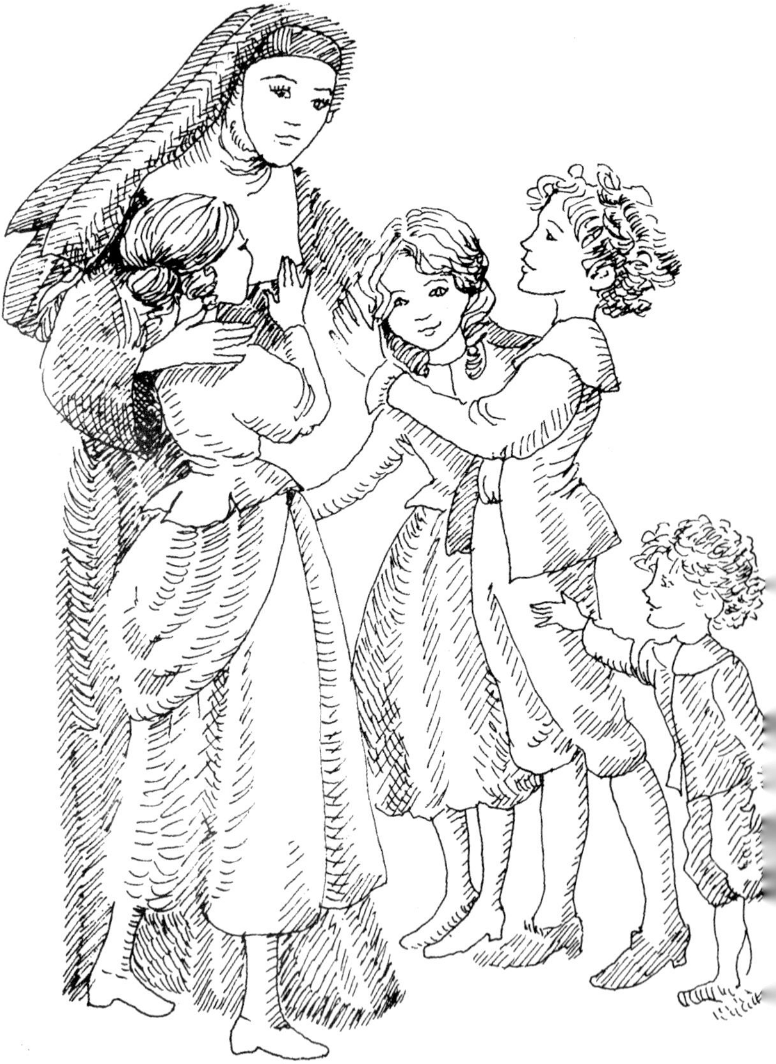

## *Prière*

*Ô Sacré-Cœur de Jésus,
je t'adore, je te loue, je te bénis
et je t'aime de toutes les forces
et de tout l'amour dont mon cœur est capable ;
mais étends sa capacité
et augmente mon amour,
afin que je t'aime davantage.
C'est la grâce que je te demande,
Ô Sacré-Cœur, pour tous les cœurs
capables de t'aimer...*

(d'après les écrits de sainte Marguerite-Marie)


*Jésus,
tu es le seul et le véritable ami
tu prends part à mes maux, tu t'en charges...
Je te trouve toujours et en tout lieu ;
tu ne t'éloignes jamais...
tu ne t'ennuies jamais de m'entendre ;
tu ne te lasses jamais de me faire du bien.
Je suis assuré d'être aimé ...
tu souffres et supportes mes défauts avec
une patience admirable...
Ô Jésus, accorde-moi d'être tout à toi
pour le temps et pour l'éternité.*

(d'après une prière de saint Claude La Colombière)